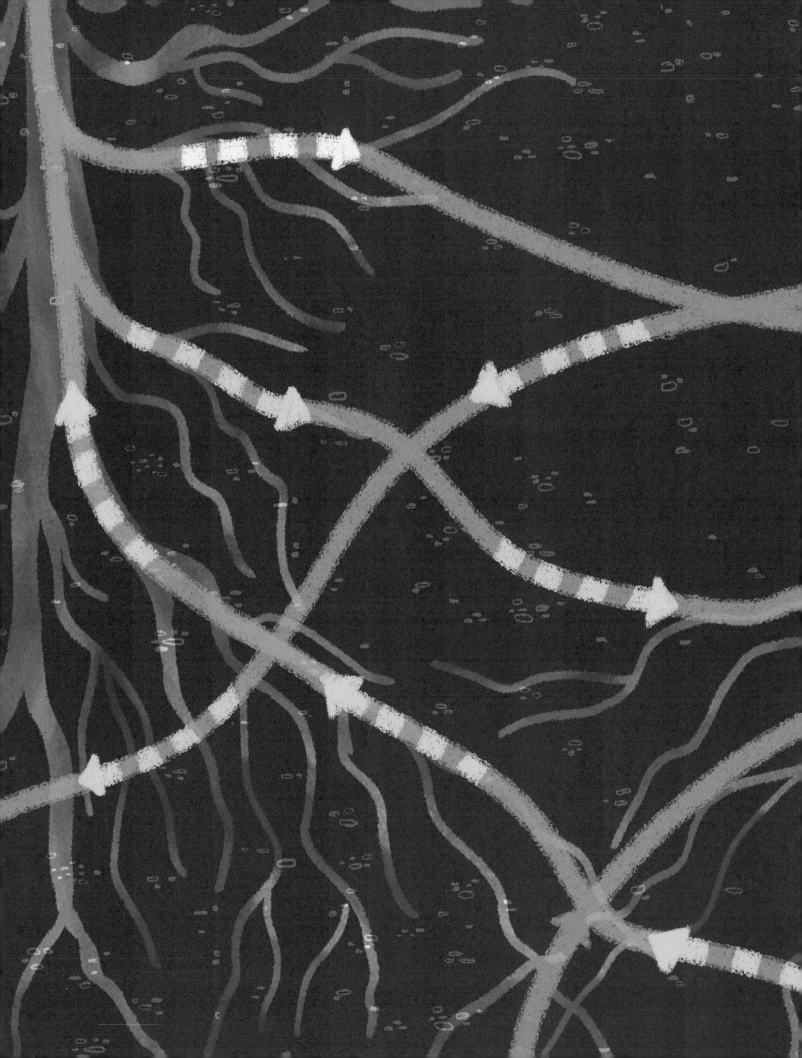

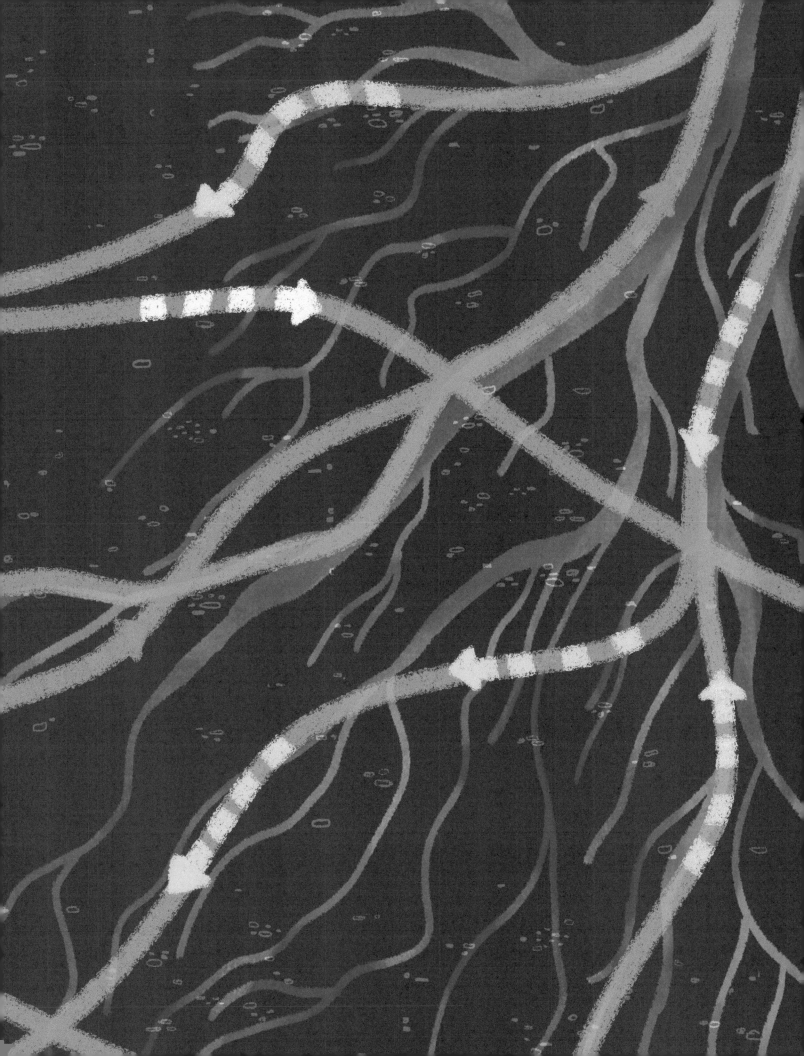

© 2024, Vista Higher Learning, Inc.
500 Boylston Street, Suite 620
Boston, MA 02116-3736
www.vistahigherlearning.com
www.loqueleo.com/us

© Del texto: 2022, Tera Kelley
Ilustraciones de Marie Hermansson
© De las ilustraciones y el diseño de la cubierta y las páginas interiores:
2022, Sourcebooks

Publicado originalmente en Estados Unidos bajo el título *Listen to the Language of Trees: A Story of How Forests Communicate Underground* por Dawn Publications/Sourcebooks eXplore. Esta traducción ha sido publicada bajo acuerdo con Sourcebooks LLC a través de International Editors & Yañez Co' S.L.

Dirección Creativa: José A. Blanco
Vicedirector Ejecutivo y Gerente General, K–12: Vincent Grosso
Desarrollo Editorial: Salwa Lacayo, Lisset López, Isabel C. Mendoza
Diseño: Radoslav Mateev, Gabriel Noreña, Andrés Vanegas, Manuela Zapata
Coordinación del proyecto: Karys Acosta, Tiffany Kayes
Derechos: Jorgensen Fernandez, Annie Pickert Fuller, Kristine Janssens
Producción: Thomas Casallas, Oscar Díez, Sebastián Díez, Andrés Escobar, Adriana Jaramillo, Daniel Lopera, Daniela Peláez
Traducción: Isabel C. Mendoza

Créditos fotográficos, págs. 32-37: © Shaun Cunningham/Alamy Stock Photo, Doug Wilson/Getty Images, redfishweb/Getty Images, randimal/Getty Images, fotolinchen/Getty Images, Kenneth Keifer/Shutterstock, Irina Vinnikova/Shutterstock, yarbeer/Shutterstock, Manfred Ruckszio/Shutterstock, KYTan/Shutterstock, Susie Hedberg/Shutterstock, Bildagentur Zoonar GmbH/Shutterstock.

Escucha el lenguaje de los árboles: un cuento sobre la comunicación subterránea de los bosques
ISBN: 978-1-66991-485-3

Printed in the United States of America

1 2 3 4 5 6 7 8 9 GP 29 28 27 26 25 24

ESCUCHA el LENGUAJE de los ÁRBOLES

Un cuento sobre la comunicación subterránea de los bosques

Texto de Tera Kelley
Ilustraciones de Marie Hermansson
Traducción de Isabel C. Mendoza

El bosque era un hervidero. Un azulejo le chilló
a un coyote que olfateaba el suelo. Una ardilla,
desde una rama baja, los regañó. Los árboles
crujían, como si susurraran entre sí.

Nadie se dio cuenta de que una diminuta plántula
se esforzaba por salir de la tierra. La plántula
estiró sus hojitas, silenciosa, en la fría oscuridad
del suelo del bosque.

El solo hecho de que hubiera brotado ya era un milagro.

Cuando era una semilla, permaneció acurrucada dentro de una piña que colgaba de una rama alta de un árbol gigante. Hasta que un día...

¡ÑAM! ¡ÑAM!

La ardilla agarró la piña y bajó del árbol a toda prisa. La enterró en un lugar especial para merendársela en el invierno.

La semilla durmió por meses debajo de la tierra. Afortunadamente, la ardilla tenía muchos otros lugares especiales. ¡Nunca regresó!

La semilla esperó, muy cómoda, dentro de su piña.

Cuando ya estuvo lista, la plántula brotó junto a la base de un árbol gigante.

Hace siglos, este enorme árbol fue también una diminuta plántula. Ahora, era el más alto de todos los árboles del bosque. Era fuerte y recto, y parecía ser capaz de sobrevivir a cualquier cosa.

Pero ninguna parte del bosque está completamente libre del peligro.

A pesar de ser tan pequeña, la plántula extendió sus raíces hasta tocar las raíces de otros árboles. Entre todas las raíces se entretejía una sedosa red de hongos; una red que se extendía de raíz en raíz, y más allá. Por esta red viajaban los secretos del bosque.

Los árboles conversaban a través de sus raíces. Hablaban sobre los peligros: la sequía y las pestes. Hablaban sobre lo que un árbol estaba necesitando y otro tenía para dar.

La plántula comenzó a escuchar con atención.

Con su enorme copa, el árbol gigante recogía una abundante cantidad de luz solar. La absorbía y la convertía en alimento.

Se hizo cargo de enviarle a la pequeña plántula suficiente alimento para nutrirla.

¿Cómo supo el árbol que la plántula era uno de los
suyos? Es un misterio, oculto bajo el suelo, donde
se entrelazaban las puntas de sus raíces.

No solo la diminuta plántula, sino todo el bosque dependía del árbol gigante.

Como era el más grande de todos, el árbol gigante enviaba nutrientes a través de la red subterránea. Traía agua desde las profundidades de la Tierra.

Albergaba al búho que había construido su nido en una rama alta, y al coyote que había hecho su madriguera en su base.

Cada día, la plántula crecía un poco más.

Pero, una noche, todo cambió.

Destellos de relámpagos iluminaron el cielo. La fuerza de los vientos hizo tambalear el bosque, y se escuchó el rugir de los truenos. La plántula, allá abajo, estaba protegida por el árbol; así que sus hojitas apenas se movieron.

Hasta que...

Un fuertísimo impacto iluminó la copa del árbol gigante.

¡Plaf! Cayó una de sus ramas más altas.

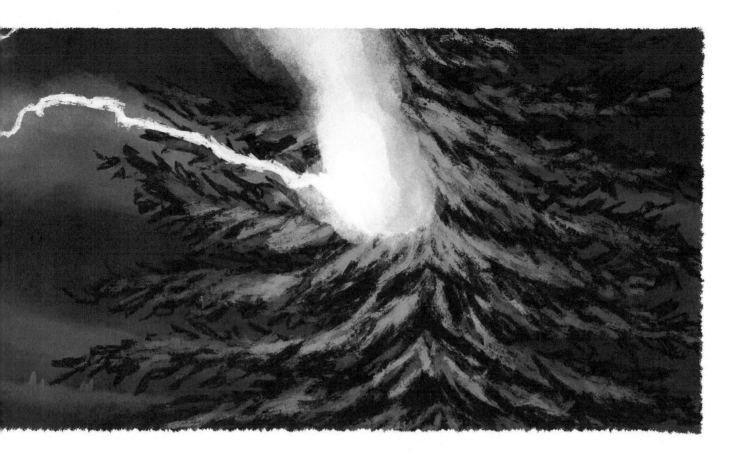

Los animales del bosque se dispersaron. El azulejo chilló. La ardilla corrió.

Por un momento, un resplandor anaranjado envolvió al árbol gigante.
Y después, todo quedó oscuro.

A la mañana siguiente, todo
estaba tranquilo.

Un rayo había caído sobre el árbol gigante. Este se había quemado un poco, pero seguía en pie.

Abajo, en el suelo del bosque, la plántula había perdido una de sus ramitas. Se le quebró cuando una rama del árbol gigante le cayó encima. Pero ese fue el único daño que sufrió.

Sin embargo, algo había cambiado.

Un rayo de luz dorada tocó las hojas de la plántula. Ya no solo estaba absorbiendo nutrientes con sus raíces, sino que recibía directamente la luz del sol. Por primera vez, la plántula hizo su propio alimento.

Cuando pasó la tormenta, los animales regresaron al bosque. La ardilla comenzó de nuevo a recolectar piñas. El búho hizo una larga siesta.

El bosque esperó. El bosque escuchó.

Fue entonces cuando apareció el primer escarabajo.

El escarabajo expidió un olor que quería decir "¡Ataquen!".

Entonces, llegaron montones de escarabajos, unos volando y otros trepando por el tronco. Se apiñaron sobre el árbol gigante y pusieron sus huevos sobre él.

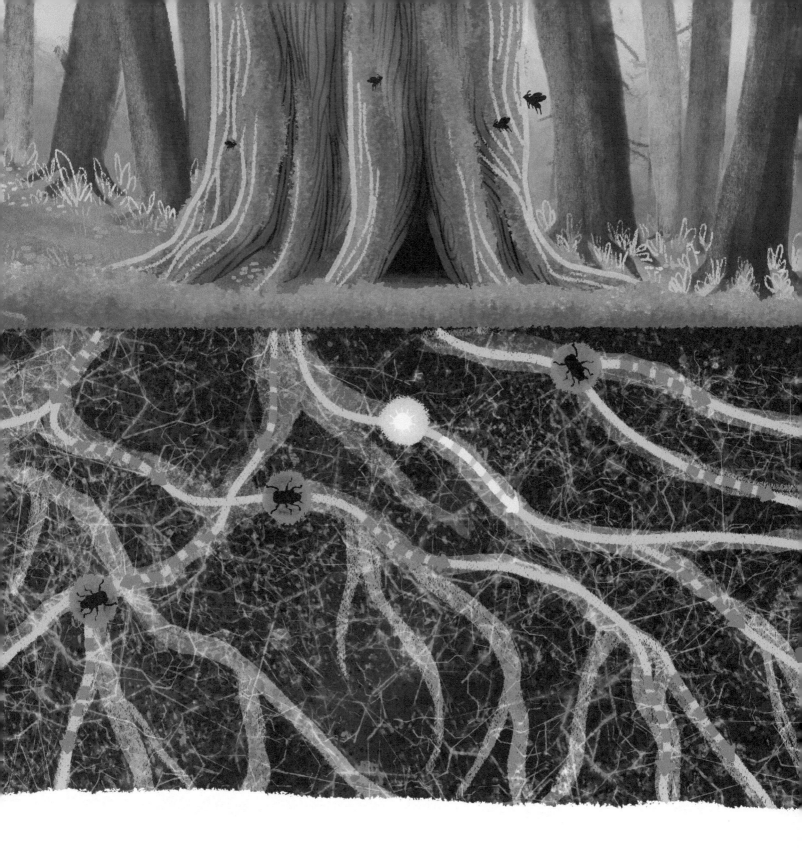

El árbol gigante envió un mensaje de alarma: "¡Peligro!".

La alerta se propagó por el bosque, moviéndose por entre las raíces de los árboles, transportada por la red de hongos.

Día tras día, los escarabajos atacaron el árbol. Eran un enjambre pequeño pero persistente.

Ya no era azúcar lo que salía del árbol gigante e inundaba la red subterránea. Era angustia.

Entonces, sucedió algo inesperado. A través de la red de hongos, de raíz en raíz, comenzaron a fluir montones de nutrientes. Esta vez, no desde el árbol gigante, sino hacia él.

El bosque compartió lo que tenía para que el árbol gigante pudiera sobrevivir.

Y el árbol gigante sobrevivió.

Con un poco de suerte, algún día, la plántula también se convertiría en un árbol.

Por lo pronto, continuó bebiendo nutrientes a través de la red que pasaba junto a sus raíces, y esperó y siguió escuchando las conversaciones del bosque.

LA CIENCIA DEL CUENTO

Un abeto de Douglas puede llegar a vivir cientos de años y alcanzar la altura de un edificio de apartamentos. Sin embargo, cuando brota de la semilla, es más pequeño que la palma de tu mano.

Las semillas de los abetos de Douglas están escondidas dentro de unas piñas que cuelgan del árbol hasta que están listas para abrirse. De ellas salen semillas aladas que el viento puede llevar a lugares distantes.

Los árboles, como todas las plantas, hacen su propio alimento usando la luz solar, el aire y el agua. Esto se llama fotosíntesis.

A veces, las ardillas se comen las piñas o las entierran para comérselas en el invierno. ¡Si a la ardilla se le olvida desenterrar una piña, esas semillas tendrán la oportunidad de germinar!

¿Alguna vez has visto que han brotado setas en el suelo de un bosque? Estas setas son la parte visible de unos organismos llamados hongos. Algunos hongos se extienden por el suelo que está bajo los bosques. Las raíces de los árboles crecen en medio de esta red de hongos.

Contrario a las plantas, los hongos no pueden hacer su propio alimento. Algunos se asocian con árboles para obtener los nutrientes que necesitan. Los hongos reciben alimentos que los árboles han fabricado usando la fotosíntesis. A cambio, transportan nutrientes, agua y hasta mensajes entre los árboles.

El árbol más alto de un bosque es el que mayor probabilidad tiene de ser impactado por un rayo. Cuando esto sucede, el árbol puede incendiarse y quemarse desde adentro.

Los árboles grandes y más viejos suelen actuar como "árboles madre". Pueden no estar emparentados con todos los árboles de su bosque, pero los cuidan. Las plántulas, especialmente, necesitan de su ayuda.

CONEXIONES CON LA CIENCIA

Los árboles del cuento son abetos de Douglas, que son plantas coníferas (productoras de conos, o piñas) que crecen en el oeste de América del Norte. Estos abetos se encuentran por todas las cadenas montañosas, desde Alaska hasta México. Son de hoja perenne, es decir, que no se caen y permanecen verdes todo el año.

Los abetos de Douglas no son los únicos árboles que se asocian con los hongos para intercambiar carbono, nutrientes y agua. ¡De hecho, la mayoría de las plantas terrestres establecen relaciones con los hongos! A veces, las plantas se conectan entre sí a través de las redes subterráneas de raíces y hongos. Estas redes se llaman micorrizas, y son muy comunes en los bosques.

Los árboles se benefician enormemente de estas redes. Al compartir recursos, todos los árboles de una red se mantienen más saludables. Pero, ¿por qué los hongos se asocian con los árboles?

Los hongos se parecen más a los animales que a las plantas. No pueden elaborar su propio alimento a través de la fotosíntesis. Los hongos recogen carbono (azúcares de carbohidratos) de la materia en descomposición que los rodea. ¡Pero recibir el carbono de los árboles es mucho más fácil!

Los hongos pueden llegar a recibir hasta el treinta por ciento del carbono que circula por la red subterránea. A cambio, los hongos proveen nutrientes y agua que recogen del suelo. También transportan los mensajes de los árboles. ¡Es un buen negocio, tanto para los árboles como para los hongos!

Los científicos continúan investigando el funcionamiento de las redes micorrícicas. ¡Queda mucho por descubrir sobre estas asombrosas redes subterráneas!

Lo que sabemos

- A través de las redes micorrícicas se comparten recursos e información.

- Los árboles pueden reconocer a otros de su clase, y enviarles recursos adicionales.

- Las plántulas que están conectadas a una red micorrícica se desarrollan mejor que las que no lo están.

- Los árboles pueden emitir señales de aflicción que viajan por la red.

- Los árboles cuidan a otros árboles cercanos que están enfermos, enviándoles recursos.

Lo que no sabemos

- ¿Los árboles pueden controlar a dónde se envían los recursos que viajan por la red?

- ¿Pueden los hongos decidir a qué árboles enviar ciertos recursos?

- ¿Los recursos viajan siempre desde los árboles que tienen más hacia los que tienen menos?

- ¿Los "árboles madre" alguna vez reciben recursos por la red?

- Gran parte de las investigaciones se han realizado en laboratorios. ¿Cómo funcionan estas redes en un bosque real?

APRENDIZAJE SOCIO-EMOCIONAL

El estudio de las conexiones y la cooperación que suceden en los bosques ofrece la oportunidad de enseñar, de manera natural, acerca de las destrezas relacionales, una de las competencias básicas del aprendizaje socio-emocional (SEL por sus siglas en inglés). Estas destrezas incluyen la habilidad para comunicarse con claridad, escuchar bien, cooperar con otros, resistir la presión social inapropiada, negociar conflictos de manera constructiva y buscar y ofrecer ayuda cuando sea necesario.

Actividad — Niños solidarios

El cuento muestra las conexiones y la cooperación en un bosque a través de una red subterránea. Repase el relato y pida a los niños que den ejemplos de varias formas de conexión y cooperación, como estas:

- La ardilla ayudó a la semilla cuando bajó la piña del árbol, la enterró y no regresó por ella. ¡Gracias a esto, la plántula germinó!
- El árbol gigante ayudó a la plántula recién nacida a obtener nutrientes y agua.
- El bosque ayudó al árbol gigante cuando lo estaban dañando los escarabajos.

Explíqueles que en su vida también se dan conexiones importantes y ejemplos de cooperación. Pídales que piensen en las personas que los ayudan y apoyan en casa, la escuela y el vecindario. Pueden ser padres, familiares, tutores, vecinos, maestros, amigos o compañeros de equipo o de la clase. Después, pregúnteles de qué manera se conectan y cooperan con otros.

Pida a los niños que doblen una hoja de papel por la mitad y pongan dos encabezamientos: *Gente que me ayuda* y *Gente a la que yo ayudo (o quiero ayudar)*. Dígales que, en cada sección, pongan, con palabras o dibujos, una persona y una situación específica. Por ejemplo: "Mi vecino me ayuda a cuidar a mi perro" y "Ayudo a mi abuela a barrer las hojas de su patio". Para concluir, recuérdeles a los niños que, tal y como sucede en la naturaleza, nuestra sobrevivencia depende de las conexiones y la cooperación.

Actividad — Niños que ayudan al bosque

Explíqueles a los niños que, así como los bosques ayudan a la gente a sobrevivir, la gente puede ayudar a los bosques. Debido a que los bosques están conectados a todas las demás partes de la naturaleza a través de una compleja red de cooperación, lo que hagamos para ayudar a una de esas partes termina beneficiando los bosques. ¡Todo depende de la conexión y la cooperación! Anime a los niños a hacer una lluvia de ideas sobre posibles proyectos. Por ejemplo:

- ¿Hay cerca un parque o área natural? Hagan una excursión para recoger basura.
- Siembren una plántula y cuídenla. (No tiene que ser de un árbol).
- Hagan compost con residuos orgánicos y lombrices de tierra para mejorar el suelo. Con esto ayudarían a las plantas a obtener los nutrientes que necesitan.
- ¡Reciclen productos de papel! También pueden reutilizar el papel para tomar notas y dibujar.

Tera Kelley creció leyendo junto a los enormes abetos de Douglas y los olorosos cedros de la región Noroeste del Pacífico de EE. UU. Durante sus seis años como librera, vio a niños correr, brincar y gatear hacia la sección de libros infantiles con el mismo entusiasmo que ella sentía de niña. Hoy vive en el norte de California, es escritora y editora independiente, y trabaja en una biblioteca. Puedes aprender más sobre su obra en terakelley.com.

Marie Hermansson es una ilustradora que se esfuerza por crear ilustraciones que cultiven la imaginación y despierten la curiosidad natural. Siempre le han interesado las plantas, la naturaleza y el diseño, lo que la llevó a obtener un título en arquitectura de paisajes y, después, a la ilustración, que es su verdadera pasión. Cuando no está trabajando, disfruta la jardinería, el senderismo con su familia y visitar museos. Vive en Carolina del Norte con sus dos hijos y su esposo sueco.

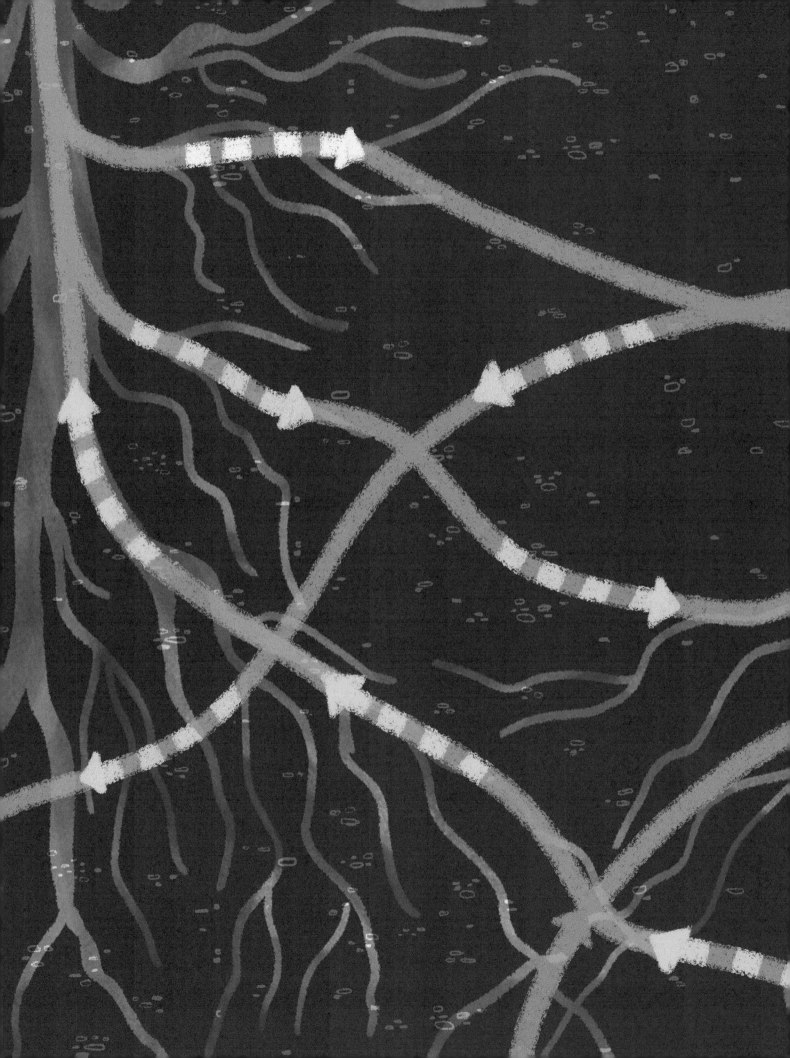

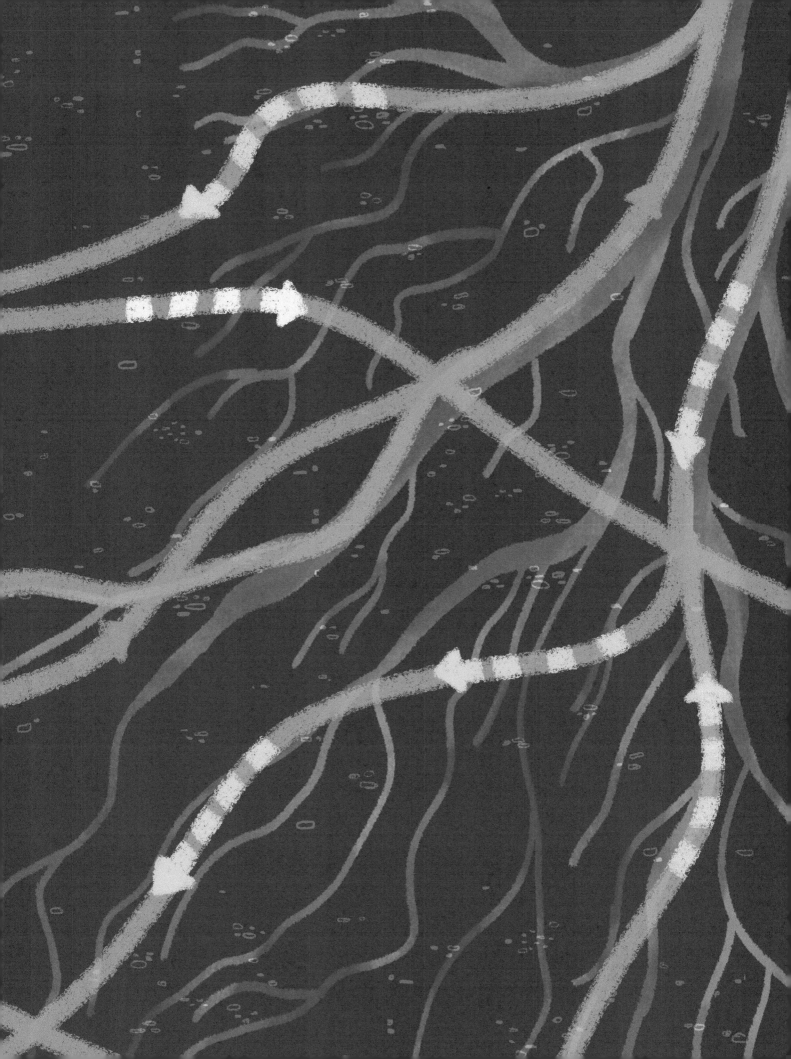